बीते कितने बरस

बीते कितने बरस

प्रयाग शुक्ल

वाणी प्रकाशन

प्रकाशन के उत्कृष्टतम 63 वर्ष

सजिल्द प्रथम संस्करण : 1992

vaniprakashan.com

वाणी प्रकाशन

4695, 21-ए, दरियागंज, नयी दिल्ली-110 002

फ़ोन : + 91 11 23273167, 23275710

शाखाएँ

अशोक राजपथ, पटना-800 004, बिहार

कॉफ़ी हाउस कैम्पस, महात्मा गांधी मार्ग, प्रयागराज-211 001, उत्तर प्रदेश

महात्मा गांधी अन्तरराष्ट्रीय हिन्दी विश्वविद्यालय, वर्धा-442 001, महाराष्ट्र

sales@vaniprakashan.in
vaniprakashan@gmail.com

Beete Kitane Baras
by Prayag Shukla

ISBN : 978-81-7055-243-7
Poetry Collection

मूल्य : ₹ 375

आवरण : मधु भास्कर

जी.एस. ऑफ़सेट, दिल्ली-110 095 में मुद्रित

वाणी प्रकाशन का लोगो मक़बूल फ़िदा हुसैन की कूची से

स्वर्गीया माँ बिन्दुमती शुक्ल की स्मृति को

यह परिवर्द्धित संस्करण

इस परिवर्द्धित संस्करण में सात कविताएँ 'चिड़िया की परछाईं', 'जल', 'फूल नीले', 'सुबह के कबूतर', 'जल', 'चिह्न', 'आरण्यक' और 'पंछियों के पैर' –और जोड़ी गयी हैं, जो पहले इस संस्करण में नहीं थीं। ये कविताएँ हाल के वर्षों की हैं और अभी तक किसी अन्य संग्रह में संकलित नहीं थीं।

कविताओं का विभाजन या उल्लेख कई बार उनके लिखे जाने के काल-खण्ड के अनुसार भी किया जाता है और वैसा करना किसी सन्दर्भ के कारण आवश्यक भी हो उठता है–जैसा कि उल्लेख मैंने इन सात कविताओं के सन्दर्भ में किया है। पर, कविताएँ तो कविताएँ हैं। उनका पाठ, हम अन्तत: कविता के रूप में ही करते हैं, वे कितनी नयी या पुरानी हैं, इस रूप में नहीं।

जो भी हो, 'बीते कितने बरस' का यह नया और परिवर्द्धित संस्करण प्रकाशित हो रहा है, इसकी ख़ुशी है। सुधी पाठकों को कविताएँ सुलभ रहें, यही इच्छा बलवती रहती है।

14 अक्तूबर, 2023

–प्रयाग शुक्ल

भूमिका

प्रिय पाठक

यह मेरा छठवाँ कविता-संग्रह है। पहला, 'कविता सम्भव' 1968 में प्रकाशित हुआ था और उसमें लगभग 1960 से 1968 तक की कविताएँ संकलित थीं। 'बीते कितने बरस' में कुछ कविताएँ 1987-88 की भी हैं और शेष पिछले दो बरसों की हैं। पिछले तीस-पैंतीस बरसों में मेरी कविता कब, कहाँ कितनी बदली है, और किस मुक़ाम पर खड़ी हुई है; इसका निर्णय तो सुधी पाठक-समीक्षक ही कर सकते हैं, अपनी ओर से मुझे इतना ही कहना है कि इस छठवें कविता-संग्रह तक के पड़ाव में मेरी कविता के कुछ स्थायी से तत्त्व और उसमें आये बदलाव सम्भवत: सहज ही लक्ष्य किये जा सकेंगे।

मेरी कोशिश इन तीस-पैंतीस बरसों में यही रही है कि अपनी बात को अपने ही तरीक़े से कहूँ, वैसे काव्य-धरोहर से लेन-देन भला किस कविता लिखने वाले का नहीं रहता।

प्रकृति मेरी कविताओं में शुरू से मौजूद रही है, पर व्यक्ति-मन और समाज-मन से संलग्न होकर ही। हालाँकि मेरी पहली प्रकाशित कविता का शीर्षक 'प्रकृति वर्णन' (1952) ही था लेकिन आगे चलकर मात्र प्रकृति-वर्णन मेरी कविता का उद्देश्य नहीं रहा।

पिछले तीस-चालीस बरसों में स्वयं हिन्दी कविता कई मुक़ामों से गुज़री है, और सामाजिक-राजनीतिक आशयों वाली कविता के प्रति हिन्दी में ख़ासा आग्रह दिखायी पड़ा है। मुक्तिबोध, शमशेर और रघुवीर सहाय की कविता हमें मानवीय अनुभवों के ऐसे इलाक़ों में ले गयी है, जहाँ हिन्दी कविता पहले गयी नहीं थी। मेरे बाद की पीढ़ी में भी ऐसे समर्थ कवि मौजूद हैं, जिनकी भाषा और जिनके स्वर ने हिन्दी कविता को समृद्धतर बनाया है। पर हम यह भी देखते रहे हैं कि इन कवियों की समग्र उपलब्धि को हम कई बार टुकड़ों में बाँटकर देखते हैं। नतीजा यह हुआ

है कि हम उस मानवीय मर्म की अक्सर अनदेखी करते रहे हैं जिसे इन कवियों ने अपने रचनात्मक संघर्ष से अर्जित किया है। लौकिक-सामाजिक सन्दर्भों की अत्यधिक पहचान और स्वयं मनुष्य-मन की कुछ उपेक्षा ने आलोचना-समीक्षा के ज़रिये कविता को समझने-देखने की आसान पद्धतियाँ भी बनायी हैं। मेरे पिछले कविता-संग्रह 'यह जो हरा है' (1990) पर रघुवीर सहाय ने यह लिखा था कि आलोचना-समीक्षा की इसी स्थिति के कारण प्रयाग शुक्ल की कविताएँ 'बेघर' रही हैं। उनके शब्द ठीक यही नहीं थे पर आशय यही था।

दरअसल प्रकृति और मानवीय सम्बन्धों की अपूर्व दुनिया से जुड़े हुए कविता के आत्मिक और आत्मबोधी रूप की उपेक्षा सम्भव ही नहीं है। और प्रकट सामाजिक-राजनीतिक आशयों वाली अच्छी कविता का भी अपना एक आत्मबोधी रूप होता ही है। हाँ, आत्मबोधी रूप और शाश्वत से विषयों की दुहाई मात्र देकर ही जो कविता अपना काम चलाना चाहेगी, वह भी काव्य-जगत् पर अन्याय ही कर रही होगी। कविता को किन्हीं लक्षणों और सन्दर्भों में पहचानने की बात अपने आप में बेजा नहीं है, पर केवल लक्षणों में ही कविता ढूँढ़ना तो कविता के सदियों से स्वीकृत रूप, और उसकी भूमिका, को बहुत सीमित करके देखना है।

ये बातें मैंने प्रसंगवश ही लिखी हैं। इन्हें मेरी कविता की आत्म-रक्षा के रूप में न देखा जाये। मैं उन लोगों में से हूँ जो मानते हैं कि एक बार लिखी जाकर कविता अपनी नहीं रह जाती। वह समाज और साहित्य समाज की चीज़ हो जाती है। इसी भरोसे के साथ यह छठवाँ कविता-संग्रह भी मैं सुधी पाठकों को सौंप रहा हूँ, वे हैं तो मेरी कविता का निवास भी है।

25 जनवरी 1992

–प्रयाग शुक्ल

अनुक्रम

होटल के कमरे में रात को

कौन है जो भगाये ले जा रहा है
मोटर साइकिल रात को
सड़कों पर
सोया है शहर जब।

क्या है भगोड़ा वह
या फिर गया था वह छोड़ने या
लेने को किसी को स्टेशन!
या कि फिर रहा है लौट
किसी पार्टी से?
क्या वह रहा है जा तारघर?
या कि डाकू उच्चका है?

कौन है जो भगाये ले जा रहा
है मोटर साइकिल?
क्या उसके पीछे है बैठी हुई
प्रेमिका उसकी?
चाँद तक चली जाती।

घर पर कोई बीमार है?
या कि वह पुलिस में है?

या कि वह रहा है लौट
देखकर सिनेमा?
चीरता हुआ रात को,

कौन है?
हत्यारा?
क्या है पसन्द उसे
गाँठना सवारी भर–
घूमना रात को?

कौन है
एक बजे,
दो बजे
रात को

नींद फुटपाथों की
तोड़ता!
कुत्तों को भूँकता
छोड़ता!

कौन है जो भगाये ले
जा रहा है
मोटर साइकिल रात को?

डाक्टर, कवि–
किसकी आवाज़ यह, सवारी पर,
सुन पड़ती होटल के
कमरे से!

कौन है?

उन्माद के ख़िलाफ़ एक कविता

उन्माद कभी ज़्यादा देर तक नहीं ठहरता,
यही है लक्षण उन्माद का।
बीजों में, पेड़ों में, पत्तों में नहीं होता उन्माद
आँधी में होता है
पर वह भी ठहरती नहीं
ज़्यादा देर तक।

जब हम होते हैं उन्माद में
देख नहीं पाते फूलों के रंग
जैसे कि वे हैं।
उतर जाता है उन्माद नदी का भी,
पर जो देखता है नदी का उन्माद भी
वह उन्माद में नहीं होता।

उन्माद सागर का होता है
पर वह भी नहीं रहता
उन्माद में बराबर।
सूर्य और चन्द्र में तो होता ही
नहीं उन्माद,
होता भी है तो ग्रहण।

जो हैं उन्माद में
उन्हें आयेंगी ही
नहीं समझ में ये पंक्तियाँ।

प्रतीक्षा में रहेगी
कविता यह
उन्माद के उतरने की।

वहाँ

वहाँ एक बूढ़ी स्त्री थी
धूप में बैठी,
कुछ बच्चे खेल रहे थे बाहर,
कुछ घर में।

एक स्त्री काट रही थी सब्ज़ी,
धूप फैली थी उसके भी
पास मतिमन्द।

छाया थी पेड़ की।

हम बैठक में बैठे।
हमने बातें कीं।
पी सिगरेट।
कुछ परिचित चेहरे थे
कुछ से हम मिल रहे थे
पहली बार–

कई शहरों के, जगहों के
नाम आये-गये
कई बार।

घर वह पुराना था।
तसवीरें लटकी थीं उनकी
जो चलते-फिरते थे

कभी इसी घर में।
कमरे की खिड़की से
कभी डोलती थी हवा
हौले-से–
कभी किसी गाड़ी, स्कूटर
के गुज़रने की आती थी आवाज़।

दंगा हुआ था इस शहर में
पन्द्रह दिन पहले।
पर शुक्र ही समझिए कि
बच गया था इलाक़ा यह तब–
पास तक आ गयी थीं आवाज़ें।

कुछ देर चुप्पी रही।

बहन छोटी-सी
अपने से भी छोटे भाई को
चिपकाये गोदी से आयी–

एक और छोटी-सी लड़की
तुतलायी।
धनिये की पत्ती
और टमाटर लाल, दाल में,
गोभी की सब्ज़ी,
पूड़ियाँ चार मैंने भी खायीं।

फिर न कुछ वैसा हो
जैसा हुआ कुछ दिनों पहले
इस शहर में
बोली वह,
जो इस शहर में तब से थी
ब्याह कर जब से थी
दूर से आयी!

वे लोग

वे जो अभी गये बरामदे से
कड़े चेहरों, झक कपड़ों वाले लोग
वे पहचाने नहीं हैं मेरे
पर उनकी चाल है पहचानी हुई।
व्यस्त हैं किसी व्यवस्था में,
किसी हिसाब में, अपनी दिनचर्या में
सधी हुई।

पर यह जो पेड़ है और
बोल रही हैं चिड़ियाँ जो
ये उनके लिए इस इमारत के
कभी के हो चुके
सुन्दर प्रबन्ध से ज़्यादा नहीं।

और वह जो सामान लेकर
खड़ा है आदमी,
वह उनकी बोली में केवल मजूर है
जैसे कि हुआ करता है
कोई भी मजूर।

युद्ध

बहुत दूर होते हुए
युद्ध में
मेरा घर बचा है।
किताबें, घड़ी, चप्पलें,
बर्तन अपनी जगह हैं।
पर हिलने
लगती हैं चीज़ें ये
रात में, ख़ासकर।

कानों के पास
आ जाती
आवाज़ बमवर्षकों की।

अरे, वहाँ कोई घर
भहराया,
वह भी किसी आदमी का
था। उसमें भी रहते
थे बच्चे।

नाम का ख़तरा

नाम का सबसे बड़ा ख़तरा यह
है कि सुना सकता है तुम्हारे नाम पर
कोई भी सच्ची-झूठी कहानियाँ।
और पता भी नहीं चल सकता तुम्हें।

बचो ख़तरे से।
नाम को मत बनने दो ऐसा
नाम कि लोग उलाहना न दें
कोसें नहीं तुम्हें तुम्हारे
सामने।

और रख दें तुम्हारे काम की जगह
तुम्हारा नाम
जिससे जुड़ी हुई किसी भी
चीज़ पर
करने लगें लोग
विश्वास।

दो आदमी

अलग-अलग मकानों के
आदमी दो
देखते हैं कभी-कभी
सुबह-शाम चढ़ते-उतरते सीढ़ियाँ,
एक-दूसरे को।

दोनों ही हैं पचपन पार के,
धीरे-से चढ़ते हैं,
रेलिंग पर हाथ धरे।

एक को देखकर
दूसरे को बँधता भरोसा।

शाम की लाली

कभी-कभी रंग आसमान का
ढलती हुई शाम में
लाल हो जाता है अजब तरीक़े से–
बादल भी छाये हों
तो भी वह लाली उजास बन
छितरायी दिखती है
सब तरफ़।

शोर और चुप्पी सब
तिरते-से लगते हैं इसी उजास में–
अँधियारा अन्त में उतरता है–
लेकिन उससे पहले
दुनिया का होना हम
अमिट
पहचानते हैं!

प्रेम

इस दुनिया से न तो
मेरे साथ धूप जा रही थी
न रेल की पटरियाँ,
न घास, न पेड़, न ही
नदी का जल,
न एक लम्बी यात्रा के बाद
मिलने वाली गर्मी की
छाया–
न गलियाँ, न घरों की क़तार।

मैं जानता था
इनमें से कुछ भी मेरे साथ
नहीं जायेगा।
पर कई बार मैंने
इन्हें देर तक निहारा
और ठीक इसी तरह कि
ये नहीं जायेंगी चीज़ें सब
मेरे साथ–

ये थीं इसीलिए मैंने
जाना अपना जाना
एक दिन इनसे परे।

ट्रेन की खिड़की

मैं बैठा होता हूँ ट्रेन
की खिड़की के पास।
कभी सुबह, कभी रात
कभी दोपहर को।
जाता हुआ मित्र के बेटे
के विवाह पर।
कभी काम से।
कभी करता याद
किसी प्रियजन को
मृत्यु पर।
जाता हुआ छुट्टियाँ बिताने।
बच्चों के संग।
अकेला।
बैठा होता हूँ
ट्रेन की खिड़की
के पास,
जैसे कि बैठते रहे
होंगे मेरे
पिता।

पिता की तसवीर की तरह

आ पहुँचा लो उसी उम्र में
पिता की तसवीर की तरह–
भौंहें कुछ खिंची-सी, सफ़ेदी बालों में,
झोला लटकाने का ढंग भी
वैसा ही, जो नहीं है तसवीर में
पर आता है इसी तसवीर से याद।
फ़र्क़ कुछ चश्मे में।
उस तरफ़ गाल कुछ पतला
कम हैं जिधर दाँत।

वैसे ही गुम हो जाना
थोड़ी देर के लिए
अचानक बोल पड़ना कुछ बुदबुदाना
फिर लेना एक लम्बी-सी साँस।

चीज़ें सहेजते-सहेजते उलटने-पलटने
लग जाना खीझना फिर दबा लेना
खीझ को, खाते वक़्त बोलना कम
नींद से कभी चौंककर
कभी धीरे-से उठना।

बग़ल में सब समय
अधूरे पड़े कामों की
अनदिखी
फ़ेहरिस्त।

ग्रुप फ़ोटो

इनमें से कुछ की ख़बर नहीं
कुछ से चिट्ठी-पत्री है
कुछ की मिल जाती है
ख़बर उड़ती-उड़ती-सी।

सामने रखी है एक मेज़
कम ऊँचे पायों वाली
कुछ बैठे हैं फ़र्श पर
बाक़ी खड़े हैं दो क़तारों में
कुछ ने रख लिये हैं
एक-दूसरे के कन्धों पर हाथ।

और वह, उसकी टी-शर्ट
पर कुछ लिखा है
जो पढ़ने में नहीं आता
ग्रुप फ़ोटो में।
सुना था
मारा गया किसी दुर्घटना में।

और यह युवती?
इसने भेजी थी अपनी किताब
कुछ बरस पहले,
जिसमें छपी थी उसकी तसवीर नयी।

हाँ, हाँ साम्य तो था
इस ग्रुप फ़ोटो से उस नयी
तसवीर का भी पर थी उसमें उम्र की
छाया भी।

कितनी सुन्दर है वह अब भी।
लिखती थी बच्चों की चीज़ें भी

और यह–
इसने खोल ली थी
पुस्तकों की दुकान,
पर वह चली नहीं।

'हम सब क़लम घिस्सू हैं'
कहकर वह ज़ोर से हँसता था
कोई परवाह करे या नहीं,
हम तो बस लिखे चले जाते हैं–

और यह पीता रहता था
दिन भर सिगरेट–
आदत कुछ ऐसी थी
जहाँ दिखे थोड़ी भी घास
मैदान खुला
वहीं लेट जाता था
निहारता आकाश को।

और वह? उसका तलाक़ हुआ
शादी फिर दूसरी।
तीन बरस पहले
इसकी भी चिट्ठी एक आयी थी!

और यह जो खड़ा है
किनारे में? बड़ी उथल-पुथल हुई

देश में उसके–
घर इसका जल गया,
जाने है अब वह किस हाल में–

और वह? यह तो बच्चों की
याद से रुआँसा हो जाता था।
उसे रहता था घर से बराबर
ही चिट्ठी का इन्तज़ार!
कितनी कथाएँ हैं।

भागा जाता है समय।

इसे करनी पड़ी मजबूरन नौकरी
ऐसी जगह
जहाँ कभी सपने में भी जाने की
सोच नहीं सकता था वह–
बहुत अच्छी थीं इसकी कविताएँ।

अब मैं थक गया, दोस्तो!
पलट दूँ यह ग्रुप फ़ोटो?
नीचे उतार दूँ?

नहीं, नहीं अच्छा है
लगी रहे यहीं दीवार पर–
क़लम घिस्सुओं की तसवीर यह!

पूछते थे पहले बच्चे भी पड़ोस के
इन सबके बारे में–
कोई अब पूछता नहीं!

कुछ भी हो–
यह कोई आख़िरी अकेली तसवीर नहीं
हमारी बिरादरी की।

तो सहमत हो न तुम।

दोपहर को एक किताब

खिड़की से आ रही है रोशनी
फ़र्श पर किताब के
चित्रों पर फैलती,
चित्र सब पुराने हैं–
कुछ धुँधले कुछ साबुत रह गये।
आँका था इन्हें कई हाथों ने।
पानी का गिलास है
पास इस किताब के
अधपिया–

वे दोनों बैठे थे
अभी-अभी गये।
एक को विदा करने गया
है दूसरा।
अभी गूँज बाक़ी है,
कमरे में उनकी बातचीत की।
बातचीत यही–
इस बुरे ज़माने की,
जहाँ पर भरोसा ही
कम होता जाता है।
मारधाड़ अजब छीना-झपटी है।

पंखे की सर-सर की
हल्की आवाज़ थी
इसकी भी स्मृति है

उसको
आया था मिलने जो
और अब बाहर है
बिलकुल पड़ोस की गली में।
औचक कुछ सटा-सटा-सा
चलता, पीले कनेरों से।

दूर तक साथ चले आते
हैं रंग, उस किताब के–
जिनकी भी चर्चा
उन दोनों ने की थी।

गली में

वैसा ही था बहुत कुछ
बहुत बरस बाद गली में,
तारों पर पिंजरे थे गमले थे
झुके बरामदों में जहाँ-तहाँ–
हाँ, कुछ थे घर नयी चाल के
बने थे जो तोड़कर पुरानों को।
लेकिन जब बैठक जमी
थोड़ा-सा धुआँ उठा,
हुआ मालूम यह, वे जो तीन
भाई थे गली के छोर के
उनमें दो नहीं रहे। लड़का जो
बैठा था उन्नीस-बीस का
वह था मँझले का,
तैर गया चेहरा उसके पिता का
जिनके साथ खेला था बचपन में।

और वह जो लायी चाय नमकीन
बहू थी नयी,
वह तो थी ही नहीं जब पिछली
बार आया था–

आँगन में गया जब धोने
हाथ-मुँह,
तुलसी दिखी और वह बेल जो

पता नहीं कितनी नयी, कितनी
पुरानी थी–
निहारा आकाश को,
छिटकने लगे थे तारे कुछ
पीछे से आया दोस्त
बोला–

'यहाँ सब वैसा ही है,
बस तुम चले गये बड़ी दूर,
आते भी हो तो चार बरस
पाँच बरस बाद...'

कुछ न कुछ

कुछ न कुछ
खोया जाता था
हमारा
रह-रहकर
घड़ी चश्मा
रूमाल–कमरे में

सोचते हुए
कुछ न कुछ
छूटा जाता था
बोलते हुए
कुछ शब्द

विज्ञापनी हड़कम्प
के बीच
भूला जाता था
रंगों का
असली स्वाद

बिसरी जाती थी
रोगी की
याद।

महानगर में कुछ इच्छाएँ

यही कि हड़बड़ में फाड़ दी गयी
चिट्ठी को पढ़ सकूँ फिर से
जोड़कर टुकड़े-टुकड़े।
सुन सकूँ छत पर पड़े एक पुराने
अख़बार की फरफराहट।
बैठ सकूँ धूप में तब तक
जब तक कि तपाकर वह मुझे
सौंप न दे
एक विस्मृत पगडण्डी को।
ख़रीद-फ़रोख़्त के वक़्त
सिर्फ़ लेबल न पढ़ूँ
ढूँढ़ूँ वह जो चाहिए
मुझे सचमुच।
एक बुनी हुई कुर्सी की
छाया के देखूँ सभी रूप।
पहचानूँ बढ़ई के औज़ारों
के साथ-साथ
चेहरा भी उसका।
छत पर फुदकते कबूतरों के
साथ ही
देखूँ उड़ान चिड़ियों की।
भूलूँ नहीं उस लड़के को

चढ़ते वक़्त लिफ़्ट पर
जिसने परोसा था ढाबे में खाना।
समझूँ एक स्त्री की हड़बड़ाहट
दूध की लाइन में।
एक दुर्घटना के वक़्त की चीख़
किसी की
दूँ नहीं बिसरा।
अस्पताल की कातरता में
बनूँ नहीं
अपनी ख़ातिर एक शेर।
किसी बूढ़े के सवाल को
करके अनसुना
बढ़ नहीं जाऊँ आगे।
जब होऊँ ख़ुद बूढ़ा
तो पार्क में छड़ी लेकर
कुरेदूँ नहीं केवल स्मृतियाँ
बीतीं–
पहचानूँ हर वह बेचैनी
जो हो हवा में
ओस की बूँदों के भीतर
और बाहर।

शाम को घर में

तुम्हें मिलना था किसी से–
 पहुँचाना था किसी
               को सामान।
(पर वह इतना ज़रूरी तो नहीं था
पहुँचा देंगे कल)
पूछने जाना था हाल
एक मित्र का।
(कल पूछेंगे ज़रूर)

          सभा थी एक
          उसमें रहना था
          (वह चल रही होगी)

तुम बैठे हो घर में।

अधूरे पड़े
कई-कई
कामों के बीच।
घर का यह कोना
जहाँ होना
कहीं और न
होने की शर्त
है।

खिड़की से पेड़

आये उतर
शाम को रंग
आकाश के
पेड़ पर।

चिड़िया एक
उड़ती हुई
आयी
एक उड़ती हुई गयी।

तुमने उतार लिया
यह सब कुछ
इस ख़ाली
पन्ने पर।

बैठे हो अब
गुमसुम
खिड़की से देखते
अँधेरे में–

पूछते
लिखने की इच्छा भर
कर देती
कभी-कभी
इतना बेचैन क्यों!

रह नहीं पाते क्यों
जैसे यह पेड़ है?
देखो इसे–
भूलकर लिखना।

एक दृश्य

एक घड़े के आधे टूटे हुए
मुँह के भीतर
भरा है दुःख।
घास की सिहरती हुई पत्तियाँ।
घिर आयी बदली में
रंगीन पन्नों पर फटी हुई
एक सिने तसवीर
का चुपड़ा हुआ चेहरा।

एक क़तार है चींटियों की।
काँच के टुकड़ों
पर गिरा हुआ अख़बार।
लड़का एक आता है
डाले हुए बोरा कन्धों पर।
चुन-चुनकर उठाता
चीज़ें–
चिन्दियाँ।

टुकड़ों में छाया आसमान की।

विलुप्त कथा

पेड़ों के पीछे था
चन्द्रमा
रात थी।

याद थी
विलुप्त हुई चीज़ों
की।

दूर तक सन्नाटा।

परिचित उस शहर
में–
पुराने।

परछाईं पत्तों की–
आवाज़ें
कभी-कभी।

कोई नहीं
कथा-क्रम।
चेहरे। घर। लोग
कई–

कई-कई
कई-कई

दिन।
धुँधले। उजले।

तकिये के सिरहाने साँसें।
हर करवट में–
थके हुए पैर।

चलती हुई रील
कई बातों की–
(सब कुछ न याद था)

आ लगा छाती से
कौन?
(मौन कैसा यह।)

साँसें फिर।
याद फिर।
चीज़ों की–
रात बड़ी देर तक।

दूर कहीं पानी-सी
मरुथल में
चमकी
विलुप्त कथा।
सिरहाने
बुझती
सिगरेट के।

होती पर
विलुप्त क्या
कभी भी–
कथा कोई–
जाते हुए चन्द्रमा।

पेड़ों के पत्तों के
पीछे यों–

फिर से न
आने को
ठीक
ठीक
उसी तरह।

दोपहर को एक स्त्री

रेल की पटरियों के पास
जहाँ पगडण्डी-सी है एक
वहीं से कर रही है वह
रेल की पटरियाँ पार–
हाथों में सलाइयाँ और ऊन,
बुन रही है छोटा-सा मोज़ा,
धूप इस वक़्त काफ़ी नहीं है–
और जहाँ एक पुरानी इमारत के
खँडहर हैं,
वहीं पार्क है वह,
जिसकी बेंच तक आ
पहुँची है वह–

आकाश पर चिड़ियाँ हैं कुछ
और खेल रहे हैं कुछ बच्चे,
घास पर।

दूर बस की घरघराहट है।
बस, जिससे अक्सर वह
धक्कों में उतरी है।

छुट्टी के इन दिनों
दूर बहुत भीड़ भरी सड़कों से–
सलाइयों की हल्की-सी आवाज़

और उसकी साँसें,
जिन्हें सिर्फ़ वही सुन रही है।

आज का अख़बार–
मरने वालों की संख्या
कल से अधिक।

गहरी है उसाँस।

धीरे-धीरे उभरता है
शोर शहर का–

एक बेचैनी में,
सलाइयों की गति तेज़।

राहत

जब तुम ठिठककर किसी अपरिचित
शहर में पूछते हो रास्ता उन दो
लोगों से सड़क पर खड़े कर रहे हैं
बातें जो, तब मिल जाता है थोड़ी देर
के लिए उनका और तुम्हारा जीवन,
सर्वथा अपरिचित एक-दूसरे से।
एक पेड़ की छाया में खड़े हो
उसे ठीक से समझ लेते हो,
उसे यानी रास्ते को, पेड़ पर बैठी
चिड़ियों की आवाज़ और हवा तब
देती है क्यों एक बहुत गहरी राहत।
फिर सामने का पढ़ते हुए एक नामपट्ट
बढ़ जाते हो आगे।

धूप में भाई

धूप की आँखें थीं अधमुँदी,
सहसा वे खुल गयीं–

गमलों के पास
थीं चींटियाँ
तारों पर कपड़े।
अख़बार कुछ,
बारिश में
भीगे हुए।

भाई की आयी
याद
पास तक
बीते कितने बरस।

छत पर अकेले
यों बैठे हुए–
फिर हुईं अधमुँदी
धूप की आँखें।

झड़ी

झड़ी लगी है
टूट ही नहीं रही
झड़ी लगी है

एक हैं धरती–
आसमान!

लगी है झड़ी।

सूर्यास्त से पहले

सूर्यास्त से कुछ पहले
चमकती हैं गाड़ियों की छतें
किन्हीं ख़ास रंगों में।
ढाबे के बर्तन सब
धुलने की प्रतीक्षा में।
जाते हुए दिन की
अजब कौंध लिये–
काँच की खिड़कियाँ।

वर्षा-चित्र

ढक गया है बादलों से
आकाश,
गयी हैं भीग दीवारें
बूँदें लिये पंखों पर
उड़ती हैं चिड़ियाँ
बैठीं कुछ मुँडेरों पर
डाल पर।

क्या है इस नये चित्र में
पुराना,
ढूँढ़ता हूँ यही।

घनी रात

अँधेरा अँधेरा सब तरफ़
ऊपर तारे
जुगनू पेड़ों पर
घण्टियाँ बजतीं मवेशियों की–
गले से बँधी।

बोलते मोर।

पेड़ खड़े चुपचाप।
रात
घनी रात।

छतें

दोपहर को देखो एक छत से
दूसरी छतों को–
दिखते हैं तारों पर कपड़े,
चीज़ें पुरानी–कुछ कुर्सियाँ,
अख़बार, बच्चों के जूते,
टुकड़े शीशों के–
ऊपर वायुयान।

सर्दियाँ नहीं हैं।
और अकेली हैं छतें–
दूर तक फैली हुई।

कितना अलग है चेहरा
शहर का यहाँ।
देखो!

देखा है

उतरते अँधेरे में
पक्षी तैरता हुआ।

बादल का टुकड़ा।
आकाश।
पानी चुपचाप
किसी लेटी हुई
नदी का।

पेड़ों का घेरा।
पत्तों का हिलना
फिर घुलना
हवा में।

नया शब्द

जब कोई नया शब्द
कानों में पड़ता है,
अर्थ जानने को हम उत्सुक
हो जाते हैं–

देखें तो शब्द वह
पुराना ही होता है,
कभी-कभी गर्द-धूल
उस पर पड़ जाती है–
कभी-कभी हम उससे
बेख़बर होते हैं।

और जब हटाकर हम
गर्द वह,
सुनते-देखते उसे
एक ही क़तार में कई-कई छवियाँ
बन जाती हैं।

शब्दों की सम्पदा
अर्थों की सम्पदा–

जीवन के जीवन के
गहरे और गहरे तक
हमें पहुँचाती है।

घाव

घाव भर जाते हैं कई
रिसते रहते हैं कुछ
कुछ रहते हैं हरे
भीतर से।

कुछ दिखते ही नहीं।

औचक उभर आते हैं कुछ
किसी दिन।

कुछ की नहीं होती शक्ल कोई
टटोलते हैं हम
वह है क्या जो रहा कचोट।

अच्छे हैं घाव वही
जो जाते हैं भर।

नौकरी

नौकरियों और तबादलों के बहुत से
क़िस्से हैं, सुने होंगे आपने भी
कौन किसलिए हटा, हटाया गया
कई मज़ेदार हैं, कई ऐसे भी कि
बस इतने भर से चली गयी
उसकी नौकरी,
जानकर अचरज हो।

क़िस्से कई ये भी हैं
कि कैसे लगी किसी की नौकरी–
किसकी ख़ुशामद से, किसकी
पहुँच से–
कई हैं संयोग के भी कि
अमुक को तो बैठे-ठाले ही
मिल गयी नौकरी!

पर इन क़िस्सों में कम ही
होता है ज़िक्र उनका
भटकते हैं जो न जाने कहाँ-कहाँ
तलाश में
नौकरी की।

दरअसल वे होते नहीं
इतने दिलचस्प।

और उनके ज़िक्र से
तो चुप्पी छा जाती है
जो छोड़ देते हैं नौकरी–
सचमुच यह जानते-बूझते-बहस करते
कि उन्हें जल्दी से
मिलने वाली नहीं
है फिर नौकरी!

महानगर में प्रकृति कविता

पहुँचता है पेड़ से पत्ता एक टूटकर
छत पर,
चिड़िया बैठ जाती एक तार पर,
गली में उग आये पेड़ की
पत्तियाँ हिलतीं
हौले-हौले
बदली के साथ-साथ
चलती हवा में।

जहाँ इकट्ठा हो गया है बारिश
और उफनती टंकी का पानी
साथ-साथ,
वहाँ कब के सीले हुए
छिलकों के बीच
चलती हैं चींटियाँ।
बहुमंज़िले फ़्लैटों के नीचे,
बहुत नीचे, यहीं
जहाँ खड़ी हैं गाड़ियाँ,
कनेरों का जमघट है।

सुबह-सुबह दफ़्तर जाती
स्त्री की उनींदी-सी आँखों में

हिलते ही रहते हैं पत्ते ये,
फूल, गमले, घर, गलियाँ–
दिखते, फिर ओझल हो
जाते, दिखते–

शाम को गाँव में

जब थिर हो जाती हैं पत्तियाँ,
चाँद चढ़ आता है
नीम के पीछे से
चुप हो जाती हैं चिड़ियाँ,
जा चुका होता है
झुण्ड तोतों का।
ख़ाली आकाश में
उगने लगते हैं तारे।
आती है कहीं से
अँधेरे में
बर्तनों के धुलने की आवाज़।
बैलों की घण्टियाँ।
कुएँ में बाल्टी उतरती है।
लकड़ियाँ धुआँ देती हैं
चूल्हे की।
उतरते अँधेरे में इकट्ठा
हो जाता है
समय अनबीता, बीता हुआ।

धुँधलके में

धुँधलके में छोड़ती पीछे
शहर को ट्रेन
दिखतीं क़तारें मकानों की।
खेल के मैदान।
साइकिलें। मोटरें।
लोग लेवल क्रॉसिंग पर
पेड़ एक पुराना
बरगद, पीपल का,
नीम का।
हवा में धुआँ, धूल–
नल के पास बाल्टियाँ।

पीछे छोड़ आती
शहर।

अँधेरे में झाड़ियाँ
टूटी दीवारें कुछ
बाग़ कुछ उजाड़-से

उजाड़-से
उजाड़-से
अँधेरे में।

सूरजमुखी

चीज़ें तप रही थीं
और मैं देखता था उनका तपना
गाड़ी लिये जा रही थी साथ-साथ
पेड़ों को
फिर पीछे छोड़ते हुए
जैसा कि बचपन से वह करती
रही थी
धूप में चमक रही थीं भैंसों की पीठ
एक ख़ाली मैदान की तरह थे
खाली खेत–
सूखी नहर पार हुई झटके में,
फिर दिखी
सूरजमुखी! सूरजमुखी!
हरे के ऊपर पीले का
वह गोल मुँह।

चिड़ियों के झुण्ड

देखे झुण्ड चिड़ियों के
बचपन में कई बार।
कई बार देखे जब
हुआ कुछ और बड़ा।

देखे झुण्ड ट्रेन से, पहाड़ से
छत से,
नदी से।

झुण्ड के झुण्ड
चिड़ियों के।

दिनों में बेकारी के
फिर जब मिल गयी नौकरी।
साथ में बच्चों के
मित्रों के–
हज़ारों बार देखे
झुण्ड चिड़ियों के।

वे तब भी उड़ेंगे
जब होंगी बन्द आँखें।

झुण्ड चिड़ियों के
झुण्ड
के झुण्ड।

धुँधलके में खँडहर

चाँद चढ़ आता है
आकाश पर–पतला-सा।
डालियों में धोरे-धीरे
बन्द होता है कौवों का बोलना
प्रवेश करता है
अँधेरा टूटी खिड़कियों
दरवाज़ों से।
थिर पत्तियाँ नीम की
एक गर्म दिन के बाद
भरती है उसाँस।
गुम हो जाती है
अन्तिम अकेली
चिड़िया भी
चितकबरी दीवारें
छितरी हुई ईंटें–

अचानक यह हवा
और घास का
सिहरना।

छायाएँ

बनती हैं मिटती हैं
छायाएँ
चलती हैं चलती हुई
साथ किसी चीज़ के।

छपती हैं
कहाँ-कहाँ
दूर किसी चीज़ से।
रहती हैं
लेटी हुई
चुपचाप

होती हैं लुप्त
कभी
होते ही लुप्त किसी चीज़ के!

फिर-फिर
उभरती हैं
छायाएँ!

अभी-अभी जन्मी
किसी
छाया के साथ।

पुष्प-प्रतियोगिता

पुष्प-प्रतियोगिता में विजयश्री
जिनके हाथ लगती है,
उनके हैं घर-मकान बड़े-बड़े।
दमकती हैं मुस्कानें, फूल भी
सधे हुए मिलते हैं,
सामने
कैमरे के।

छपकर वे आ जाते
बाहर अख़बार में–

उन पर समोसे परोसकर
कभी-कभी लड़का कोई
चाय की दुकान का,
ठिठककर रह जाता
अरे, फल इतने
बड़े-बड़े!

तभी कोई उसको लगाता आवाज़,
'एक मठरी, एक चाय' की।

स्त्रियाँ लाती थीं मीलों दूर से भरकर घड़े

खड़े थे कई बच्चे तितर-बितर
नहीं था पानी।
बिजली नहीं थी।
कीचड़ था।

आँधी चलती थी
बूँदे गिरती थीं
रोती थीं कविता
की दुनिया में
रात को नदियाँ।

घोंसले बनते थे
उजड़ते थे।

स्त्रियाँ लाती थीं
मीलों दूर से
भरकर घड़े।

बच्चियाँ माँजती थीं
सुबह से रात तक बर्तन
दूसरों के।

आती-जाती थीं ट्रेनें।

नीम और पीपल थे
कहानियाँ थीं

उनकी हज़ारों-हज़ार।

कोहराम थे।

खोये जाते थे
माता-पिता।

बैठे थे गुमशुदा बच्चे
चुपचाप।

भूकम्प का सपना

सपना आया कि
भूकम्प आया है
शायद वह सड़क थी
शायद एक मैदान
या फिर वह भगदड़
न जाने कहाँ खड़ी थी

झुकीं, टूटीं अट्टालिकाएँ
भहरायीं दीवारें छोटे घरों की–

इकट्ठा थे सब एक जगह
सबके लिबास थे पर
अलग-अलग
बस इसका भान था
पहचाने जाते नहीं थे
वे अलग-अलग।

जितनी देर भगदड़ रही
यही रहा।

नींद से जागकर
देखा कि सबको
एक कर गया था
कितना भूकम्प!

कहना

कहने को ज़्यादा था जिसके पास
कम कहा उसने बराबर।
जिसके पास कहने को कम था
वह बोला ज़्यादा।

सचमुच था कहने को जिसके पास
वह बोला रुक-रुककर
कभी साफ़ बिलकुल
पर ज़्यादा कभी नहीं।

पुरानी चीज़ें

घरों के कोनों-अँतरों में
पड़ी रहती हैं पुरानी चीज़ें
खुली हुई, कभी ऐन सामने,
बरामदों में, छत पर,
गिनती हुई
शेष दिन
आयु के–

कोई मुँह बाये, पड़ी हुई
औंधी–
तिरछी या आड़ी,
विस्मृत सब–
कविता नहीं कर सकती उनकी
मरम्मत।

पर जैसे एक कौंध में
समेट वह लेती है,
स्मृतियाँ
नाम या अनाम
जुड़ीं उनसे,
बहती इस हवा में।

बीज

अन्यायी करता ही
जाता अन्याय।

क्या उपाय?
कहते हैं लोग।

बादल के टुकड़े
और पेड़
और चिड़ियाँ।

आँखें हैं भागती
जैसे निरुपाय।

भीतर कहीं
माटी में
गुट्ठल एक बीज–
मुड़ता कसमसाता
सिर उठाय।

नये को दो जगह

जहाँ ख़ाली हो गया हो
कुछ,
वहाँ दो नये को तुम
जगह।

आये वह।

नये को दो जगह।

मूक

वह मूक था
और सह रहा था
वह मूक था
और कह रहा था

सचमुच

मैं सँभाल रहा हूँ कुछ
मैं बरत रहा हूँ कुछ
मैं बोल रहा हूँ कुछ
मैं सोच रहा हूँ कुछ

मैं खो रहा हूँ कुछ
मैं पा रहा हूँ कुछ।

मैं बना रहा हूँ कुछ
मैं बिगाड़ रहा हूँ कुछ।

मैं जा रहा हूँ कहीं
मैं आ रहा हूँ कहीं।

मैं याद कर रहा हूँ कुछ
मैं भूल रहा हूँ कुछ।

मैं शुरू कर रहा हूँ कुछ
मैं ख़त्म कर रहा हूँ कुछ।

हूँ जब तक हूँ मैं
कर रहा हूँ, कुछ न कुछ
सचमुच।

जब तक सचमुच
कुछ न कुछ।

हमारा घर

किसी न किसी के रास्ते में
पड़ता था हमारा घर।

उनके जो
घर में आये थे
पहली बार,
उनके जो आये थे
कई बार।
उनके जो
भूल चुके थे
कि घर है
हमारा
वहीं
जहाँ पहले था।

किस न किसी के
रास्ते में पड़ता था
हमारा घर।

उनके भी
जो जानते नहीं थे
कि यह घर है
हमारा
घर।

घर
बना रहे घर
किसी न किसी के
रास्ते में पड़ता हुआ।

चिड़िया की परछाईं

घने बहुत पत्तों पर तिरती
चिड़िया की परछाईं।
खुली धूप में उन पत्तों पर
सहज उतरती
ओझल होती
कभी पास तक भी आ जाती,
चिड़िया की ही नाईं।

गतियाँ दृश्य–अदृश्य विचरतीं
पत्ती झरती।
फूल हिल रहे मन्द हवा में
तितली उड़ती
उड़ती उसकी झाईं।
फिर आ जाती
सहज विचरती
चिड़िया की परछाईं!

फूल नीले

नील नभ के तले फूले,
फूल नीले।
दृश्य में हैं रंग कितने,
किन्तु वे तो सहज ही हैं
सब सजीले।

उतर नभ का रंग
उसके संग
सहसा
आ रहा है–

नील नभ
ये फूल फूले
बहुत नीले!!

सुबह के कबूतर

उतर आते छज्जों-बरामदों में
किसी आलमारी पर
करते चहलक़दमी।
किसी मुँडेर पर तार पर
उनकी गुटरगूँ हो जाती शुरू–
हमारी नींद को उनींदे को
अधनींद को खटखटाती उतर आती
वह गुटरगूँ।

कैसी बतकही एक
कही अनकही एक–
करती मानो फर–फर
उनकी फरफराहट में।
और सरसराहट वह उनकी
किसी चीज़ से
हल्के-से टकराने की–
कभी-कभी बर्तन की, पल्ला कभी कोई
काँच का, खड़का जाने की–
हम में भी जाती है भर सरसराहट वह–
कभी झुँझलाहट बन।
कभी रुके हुए कुछ को
चलाने की!

नींद की दुनिया को पार कर
भेदकर परतें झुटपुटे की,
कभी कुहरे की,
आते चुगने दाने पीने पानी,
या यों ही टहलने को,
पंख फड़फड़ाने का
सुख ही उठाने को–
अनायास हम में भी सुख कोई
वैसा ही, गुपचुप भर जाने को–
कबूतर सुबह के!

जल

जल वह चंचल है।
जल वह स्थिर है।
जल वह ओझल है।
जल वह बहा आता है।

जल वह बरसता है,
जल वह जाता घूम,
जल वह,
सरसता है।
जल वह सीध में।
जल वह उतार में।
इस पार में।
उस पार में।

जल, जल है।
नींद में सपने में सोच में
सच में,
सामने रहा आता।
आँखों की कोर में,
इस छोर, उस छोर में,
जल वह, जल है–
सुख में, दुःख में–
बहा आता।

चिह्न

चिह्न रह जाते हैं बाढ़ के।
चढ़ाव के उतार के।
कहीं चोट लगने के गम्भीर,
घाव के।

रेती पर चलने के,
कुछ देर–
घटना-प्रतिघटना के।

पर, जो न रहते हैं,
मिटते धीरे-धीरे।
छोड़ती ही नहीं चीज़ें चिह्न,
कभी अपने जो,
उन्हीं की तलाश में,
रहते जीवन भर!

वृक्ष स्मृतियों का,
शायद फल टपक पड़े,
कभी किसी मौसम में,
कोई!!

आरण्यक

सब कुछ था : आँधी थी तारे थे वृष्टि थी
सृष्टि थी समूची ही मेघ थे नदियाँ थीं
जल था जलाशय थे सागर था फल-फूल
वृक्ष घने धूलि थी सुगन्ध थी फ़सलें थीं।
ऋतुएँ थीं था वसन्त शीत शीतमय था
एक कम्पन भी कण-कण स्पन्दन भी था।
था एक ज़िन्दगीनामा ही पूरा ही।
पशु-पक्षी कोटर थे आम अमराई थी
चढ़ाई उतराई थी।
नौकाएँ कर देतीं पार।
था अपार बहुत कुछ।

सब कुछ था!

पंछियों के पैर

पंखों से भी अधिक सुन्दर लगते हैं कभी-कभी
पंछियों के पैर–
दौड़ते हैं घास पर
चलते हैं धीरे-धीरे
टहलते-टहलते आ रहते मुँडेर पर
छज्जे पर, रस्ते पर,
मानो कर रहे हों सैर!

अनगिनत हैं उनके नाम।
उनके पैर–ललछौंह, भूरे, काले, सफ़ेद।
दौड़ते वैसे ही जैसे रनवे पर वायुयान।
जाते फिर हवा में तैर।
ऊपर!
ऊपर!

धरती पर चलने के पड़ते न चिह्न
चलते पर ऐसे जैसे खिलती हो
मुस्कान धरती की।
उनके संग भरती उड़ान।

फिर-फिर लौट आने को अपनी जगह–
उनके पैरों के साथ!

❑❑❑